Robert Enrique Baudin Pérez

Mensajes del Alma Divina

Robert Enrique Baudin Pérez

Mensajes del Alma Divina

Experimentar una verdadera conexión con el Creador

CREDO EDICIONES

Imprint

Any brand names and product names mentioned in this book are subject to trademark, brand or patent protection and are trademarks or registered trademarks of their respective holders. The use of brand names, product names, common names, trade names, product descriptions etc. even without a particular marking in this work is in no way to be construed to mean that such names may be regarded as unrestricted in respect of trademark and brand protection legislation and could thus be used by anyone.

Cover image: www.ingimage.com

Publisher:
CREDO EDICIONES
is a trademark of
Dodo Books Indian Ocean Ltd. and OmniScriptum S.R.L publishing group

120 High Road, East Finchley, London, N2 9ED, United Kingdom
Str. Armeneasca 28/1, office 1, Chisinau MD-2012, Republic of Moldova, Europe
Printed at: see last page
ISBN: 978-613-6-21938-7

Copyright © Robert Enrique Baudin Pérez
Copyright © 2024 Dodo Books Indian Ocean Ltd. and OmniScriptum S.R.L publishing group

Libro

Mensajes del

Alma Divina

I Compendio

Por: Licdo. Robert Baudin

Yaracuy -Venezuela

"EXPERIMENTAR UNA VERDADERA CONEXIÓN CON EL CREADOR"

Prologo

Uno no reconoce un gran amor hasta transitar por los caminos de la vida, encontrándose con cada experiencia en cada etapa de la misma, pasando por alto algunos consejos y vivencias que dejan aprendizajes , los cuales muchas veces son ignorados por nuestro ser, tiene que ver esto, con la inmadurez y el ego que nace en nuestro cuerpo desde que llegamos al mundo, y que poco a poco en ese transcurrir vamos acrecentando para muchas veces o en la mayoría de las personas, no controlarlo y seguir teniendo experiencias, muchas no gratas o como quisiéramos que fuese. Un valor fundamental que alivia y mejora las emociones que hacen daño a nuestra personalidad es El Amor, expresado por nuestro Dios Todopoderoso que entregó al mundo a su Hijo Jesús, para limpiar nuestros pecados heredados y hoy en día, tienes el libre albedrio para asumir tus faltas y reconocerlo como tu salvador.

Nunca llegarás al paraíso si no pasas por la puerta de Jesús, si no abres tu corazón para que Él entre en ti, la bendición de ser un verdadero cristiano Humanista, con dolor de lo que le acontece al prójimo, con pasión de fuego por prender las llamas de los ojos secos de visión, con ternura y afecto por aquel corazón afligido y triste, y por supuesto, con bondad de dar lo que tienes por el necesitado y desasistido…es allí cuando te regocijará y desbordará esa bendición para ver a tus pies un mundo abierto de caminos por andar y tendrás la sabiduría para administrar esos dotes entregados por nuestro Dios y saber elegir el camino de Cristo.

A ti Padre Eterno, la dedicación de estos mensajes e historias testimoniales para el entendimiento de tu obra en quien hoy día y en días por venir te necesitará, gracias Dios.

Profesor. Robert Enrique Baudín Pérez

Tu hijo.

Que lindo ver a Dios manifestarse en tus sueños y ver que puedan llegar grandes cosas a tu vida, pero hay algo importante que debes hacer en estas situaciones... Es pedir más no desear que se hagan realidad. Dos hermanas que Vivian en un pueblo pequeño en las montañas, todas las noches se arrodillaban y oraban al señor, en determinado momento una de ellas pedía al Señor que las necesidades familiares y personales fueran escuchadas y resueltas en el tiempo de Dios, apoyando la hermana también deseaba en voz alta al Señor, que sus sueños de tener en abundancia y comodidades fuesen oídas por el Padre Celestial, así como cumplidas literalmente, con el trascurrir de los años quien pedía de las hermanas, fue muy diligente y hacendosa con su crecimiento y experiencias de vida, logrando estudiar los caminos de Jesús y logro tener la comodidad necesaria para vivir con su propia familia, con todas las provisiones del hogar. La hermana que deseo al señor sus necesidades, el agotamiento de la lucha día a día, con cada experiencia de vida, la postro de enfermedad en su lecho, viviendo con las atenciones de su familia, quien le asistía con todo su amor, pero no llegaron las bendiciones que ella tanto deseaba... Esta historia muestra algo importante que reflexionar, debemos impulsar los caminos de concreción de nuestros deseos con acciones previas, cumpliendo etapas y Dios Padre concederá el cumplimiento total de los mismos, en este sentido, es mejor "Pedir a Dios" porque al hacerlo ya intrínsecamente sabes que debes accionar tu para que lo que ha de ocurrir, así será, y te ayudara a aprender, consolidar y corregir, aún en la imperfección de muchas de nuestras decisiones Dios nos perfeccionó para corregir, dice la palabra en **Filipenses 4:9 " Lo que aprendisteis y recibisteis y oísteis y visteis en mí, esto haced; y el Dios de paz estará con vosotros."** experiencias y acción, palabras que tomar en cuenta, bendiciones, para toda esa gente linda y hermosa que vive, ama, trabaja y lucha ante las adversidades en el nombre de Jesús.

Sabiduría Para Decidir

¡Vaya!...Que complejo comprender como reconocer en nosotros la sabiduría para tomar decisiones, está relacionado con el conocimiento que se deriva de la formación integral (amplitud de aprendizaje) que debes buscar en la vida, se les dice sabios, por lo general, a las personas de edad adulto mayor, quienes has pasado gran parte de su vida aprendiendo y poniendo en práctica sus conocimientos en múltiples facetas de la vida o en una sola, pero son realmente expertos del tema, frecuentemente son quienes dan buenos consejos y cuando por cosas de Dios, ese consejo ayuda a solventar una realidad, decimos, ese viejito o viejita es muy sabio o sabia, pero, ¿puede existir la posibilidad de que una persona joven sea sabía?,…Si, sólo hay que hacer esfuerzos extras, estudiar, conocer, buscar, escudriñar.. y eso te llevará a tomar grandes, acertadas y precisas decisiones en la vida, aunado a esto, siempre conociendo la palabra del señor, Él siempre te acompañará para decidir.. y si te equivocas por empeño, buscará la manera de hacerte saber tu error, dice la palabra *"Muchos planes hay en el corazón del hombre, pero el consejo de Jehová permanecerá."* **Proverbios 19:21.** Que tengan un excelente día lleno de bendiciones gente linda y hermosa con Dios vivo presente para luchar, amar, trabajar y vivir en nombre de Jesús. Amen.

Ser Sumisos Mientras Te Azotan Por La Carga

Cuenta la historia sobre la vida de sr. Raimundo, quien con una personalidad de casca rabia, egoísta y obstinado vivió en el pueblo de campo alegre, donde la vida social era jovial, las personas alegres, y compartían tradiciones muy reconocidas en dicha y felicidad colectiva, esto no le agradaba al sr Raimundo, quien se la pasaba encerrado en su casa y no le gustaba que nadie le molestara para pedirle favores, en su juventud siempre fue apartado de compartir con sus semejantes, creía que solo él podía solventar las diferentes vicisitudes que la vida le ofrecía, ya que solo el podría salir de las situación, perdió a su madre y padre a temprana edad y asumió la carga de su hogar solo, un día a su avanzada edad, fue encontrado tras días sin verlo, en su cuarto sin vida. Que importante reconocer que nuestra arrogancia y nuestro orgullo, puede sopesar en aquel ser que sólo nos da amor, para apartarlo de nuestra vida sin saber jamás lo que nos pueda brindar, debemos saber comprender el equilibrio de las cargas, lo que nos hace peso y lo que nos la aliviana, entender que sólo Dios sabe que podemos llevar, no obviar o sumarle a otro y buscando el verdadero punto medio, es ese un secreto de vida, que nos hará libres como el viento a lo largo y ancho de los confines de nuestra voluntad, no permitas y no seas ese yugo que eleva el peso de las tareas, divide con quien este a tu lado y vencerás, así está escrito en el manual de vida en *Filipenses 2:3,4 "Nada hagáis por contienda o por vanagloria; antes bien, con humildad, estimando cada uno a los demás como superiores a sí mismo; no mirando cada uno por lo suyo propio, sino cada cual también por lo de los otros"*...Entonces respetemos las cargas de los demás y aceptemos la nuestra, bendecido día gente hermosa que vive, ama, lucha y trabaja por su bienestar.

Resucítala Que Tú Tienes El Poder De Jesús.

Muchos seres humanos algunas veces sienten la necesidad y no consiguen respuesta desde lo más alto, otros sus respuestas son que Jesús está muerto en la cruz y los ha abandonado,…con esto, no demuestran un verdadero acto de amor en Dios, porque realmente quien murió en su corazón, fue la Fé. Sí… ¡Jesús no murió!, solo vive en tu corazón a través de la más hermosa Fé que le profesas, engrandécela y verás como en tu vida cambian las cosas, pero claro, debes tener una relación íntima con el Padre, Hijo y Espíritu Santo, para ver resultados, dice la palabra *"Si puedes creer, al que cree todo le es posible." Marcos 9:23*, que divina frase, la Fé es la certeza de lo que no es y será, de lo que no ves y veras de lo irreal que se convierte en realidad, el arma más poderosa que tenemos para creer, tener, confiar y amar, en Dios sobre todo lo demás. Realmente hoy te expreso, el desamparado no ha nacido, aun cuando hayas agotado tus reservas, tus recursos hayan mermado, siempre tendrás la provisión necesaria de parte del Señor nuestro Dios. Así que te bendigo en el nombre de Jesús y te invito a buscar de Dios para hacer crecer tu Fé y vivirás las promesas gente hermosa que vive, lucha, trabaja y ama de corazón.

El Peso Contra El Tiempo

Dos aventureros deciden escalar una montaña para coronar la cumbre, cargan sus mochilas de alimentos y provisiones, con el mismo peso ambos, se inicia la escalada y cada uno decide su plan para llegar a la cumbre, calor establece consumir en cierto momentos del tramo, alimentos y bebidas para energizar su cuerpo, descansar un minuto y luego de reponer energía retomar la marcha. Pablo decide continuar avanzando hasta el final del recorrido y reponer energías al llegar a la cumbre, ya que sentía la capacidad de alcanzarlo. Pasado un día de ruta Carlos, quien había hecho 3 descansos, alcanzó al compañero Pedro ya a escasos pasos de la cumbre, con deshidratación, casi desmayado y sin fuerzas, aun cuando en su mochila llevaba agua y provisiones de alimentos, no podía, (debido al esfuerzo continuo y enorme), abrir su morral para energizarse y lograr la meta, recibió el apoyo de Carlos y coronaron los dos al mismo tiempo la cumbre... Para llegar a la vida eterna debes aligerar tus cargas para estar más limpio y puro ante Dios y todo lo tóxico en tu vida, debes soltarlo en cada momento de la vida misma, no cargarlo a cuestas porque limitará tu capacidad de seguir adelante y triunfar, aun cuando logres llegar con apoyo, lo harás más desgastado, Dice la palabra *" La necedad es alegría para el insensato, pero el hombre inteligente anda rectamente" Proverbios 15:20*. No sean necios y caminen libres de cargas. Feliz día gente hermosa que lucha, trabaja, ama y vive realmente lo bueno.

Pasar Un Tiempo De Calidad Con El Más Valioso

Todos tenemos a un ser especial y muy valioso con quien compartir nuestras vicisitudes e inquietudes, para aprender y ser mejores cada día, ¿tienes ese ser realmente?, le das la importancia que merece.., sabes cómo se siente el corazón de un padre o una madre cuando le expresas la necesidad en tu corazón y tu mente, y El o Ella logra darte la respuesta, desde su experiencia y vivencias, con el mejor consejo para momento, te expreso que para ser buen padre o madre debes haber sido buen hijo, y a su vez, haber tenido un buen padre o madre. Te pide Dios que tú relación con ellos, sea la más sincera y abierta posible, pero con el mimo Padre eterno sea honesta, horrada, con amor, abierta y muy íntima para llenar tu corazón, debemos regalar tiempo Dios a través del camino con Jesús, dice la palabra en ***filipenses 3:14 "Prosigo a la meta, al premio del supremo llamamiento de Dios en Cristo Jesús"***. Así forjaras una relación de calidad espiritual desde el alma, con el único, el Todopoderoso, Dios. Bendiciones a todos, vive, lucha, trabaja y ama con Fé.

¿Tienes realmente un buen amigo?, imagino te lo has preguntado alguna vez o varias en tu vida, no siempre las cosas son lo que parecen, muchos seres cercanos nos buscan por algún beneficio, estableciendo la relación dar y recibir con mayor beneficio para ese supuesto amigo, ver un ser desprendido, lleno de humildad, de solidaridad, del apoyo en las buenas y en las malas, se asemeja un poco más un buen amigo, ese que muchas veces buscas, y realmente el único que va más allá, como amigo, para tenderte la mano y guiarte al más rico tesoro... La eternidad,.. Es Jesús, debes cerrar la brecha que te separa de su amistad verdadera y encontrarlo. Escrito está en ***Proverbios 27:6 "Fieles son las heridas del amigo, pero engañosos los besos del enemigo"***. Ese amigo que reconociendo su error, se disculpará ante ti, mirándote a los ojos y de la mano de Dios, pedirá tu perdón, pero ten cuidado de los falsos amigos, esos que al mínimo parpadeo te venderán y negaran, que solo te exprimen para llenarse y alimentarse de ti y sus ideas. Por eso insisto que la única amistad, (que guiada por la palabra de Dios, aquella que vivió, vive y vivirá para siempre en la eternidad), es la de nuestro amado Jesús. Que Dios bendiga día a día a esa gente hermosa que lucha, trabaja, ama y vive la presencia del Padre.

Solo hay alguien grande que puede darte la solución, alguien que tiene el poder total sobre lo que vez y no vez, pero que te entregó a ti la potestad de reconocerle o no... y es Dios..., con tantas necesidades, deseos, anhelos y sueños de grandeza que hay en las personas, para vivir mejor cada día, la única herramienta es la oración ante Él, siendo directo, porque no hubo, hay, ni habrá quien pueda más que él, sin rodeos de lo que deseas, hablando con sinceridad y mostrando tu verdadero corazón limpio, lleno de su palabra en ti, poniéndolas en práctica para recibir lo que le pidas con Fé, a través de la oración, Dios está por darte. Cuenta la Historia que cierto niño humilde, de campo, hijo único, estando en su escuela, les solicito realizar a todos una nota, donde indicaran su deseo de adulto, ¿Qué querían ser? y que soñaran en grande, todos la hicieron y colocaron la nota en una capsula del tiempo, puesta y sellada en el patio de su escuela, el niño creció y estudio con honores en todos sus procesos académicos, la oportunidad de la universidad, lo llevo a ser el mejor científico y coordinador de investigación de la universidad, luego asumió por su gestión el honor de ser ministro de gobierno y se postuló posteriormente a la presidencia del país, ganando en dos ocasiones dicho cargo, logrando que su país fuese ejemplo mundial de investigación en salud. Cierto día una periodista en una entrevista le pregunto, presidente, donde partió la idea de dirigir los destinos de este privilegiado país? Y le contestó: …para darte esa respuesta la debes ver con tus propios ojos, porque escrito esta…y así planifico la jornada para extraer la capsula del tiempo que habían enterrado en una gran ciudad de provincia, abierta la capsula, saco la nota pidiendo a la periodista leerla, para todos en cadena nacional por todos los medios de comunicación, en la que decía "Oh Mi Señor, Mi Dios, Mi Padrecito Querido, Te Pido Me Ayudes a Ser Un Buen Presidente Para Mi País",…en ese momento las lágrimas rodaban en las mejillas del presidente mientras miraba al cielo y agradecía con vos suave y entrecortada a Dios. Dice la palabra ***"Pedid, y se os dará; buscad, y hallaréis; llamad, y se os abrirá. Porque todo el que pide, recibe; y el que busca, halla; y al que llama, se le abrirá". Mateo 7:7,8***.
Bendecido día gente hermosa que vive, lucha, trabaja y ama su corazón.

El Diálogo De Una Conversación De Amor

En temas anteriores, hemos hablado de la amistad, de a quien pedir, de cómo pedir.... y hoy corresponde entender ese diálogo, sentir la pasión en la conversación, la utopía o no de la realidad, ver esas líneas llenas de amor, más allá aún, que un diálogo con mamá o papá en la cama soñando en familia con el deseo de una hermosa casa que tengo un cuarto para cada uno, lleno de los servicios mínimos, un tv, cama, radio, baño, aire acondicionado, internet, libros, juegos, un closet repleto de ropa, entre tantas cosas,.. en un parque con el amor de tu vida compartiendo un helado y una efusiva conversación de admiración al momento mágico con este ser amado,…en una celebración familiar para el pilar inequívoco de nuestras raíces hermosas, qué muchas veces rebosan tu corazón de felicidad al compartir con seres que vez pocas veces y las tertulias son interminables,…te hablo de la sensación de paz interior en los vibratos de tu voz que salen de tu cuerpo, con la libertad para expresar todo sin ocultar nada a Dios y a los cuatro vientos tu sentir, tu necesidad, tus ideas, tus peticiones, lo que te anima cada día a seguir buscando y creyendo en Él,.. Y sólo Él te puede ayudar a conseguir todo en el término de su voluntad,.. Mucho está escrito sobre lo que realmente debes tener, pero dice en ***filipenses 4:19 "Mi Dios, pues, os proveerá de todo lo que os falta conforme a sus riquezas en gloria en Cristo Jesús."*** Mira que Dios te ofrece sus riquezas que son tan grandes como el universo, puede ser tuya, solo ora y dialoga con Dios sumergido en su amor, Jesús es el camino.

Bendiciones gente linda que vive, lucha, ama y trabaja su interior.

Lo Bueno Se Repite Para Crecer

Ejecutar buenas acciones diarias y repetitivas, nos puede ayudar a moldear un corazón dadivoso, generoso, amoroso... y el efecto mariposa puede tener un alcance en nuestros seres amados, entre ellos: espos@s, hijos, hermanos, familiares y amigos que les enseñaría a tener buenos hábitos de vida, por otro lado la fuerza espiritual y moral que pueden generar dichas acciones para quien las recibe en su nombre,, estarán cargas de la presencia de Dios y de su hijo Jesús, el Cristo redentor de la bondad de Dios. Cuenta la historia que José el Soñador luego de haber sufrido varios percances en la vida de joven, estando cautivo en la cárcel, fue abordado por un buen carcelero que vio en él brillo de la bondad, la disposición para realizar la tareas encomendadas, y el don de interpretar los sueños, ese carcelero lo relacionó con el faraón del reino, Ramsés, y tuvo la oportunidad de visualizar caminos de abundancia y sostenimiento para la sociedad de la época, tanto que compartió lo que no era suyo, con otros reinos para que no murieran de hambre, su valioso ideal de bondad para generar estabilidad de alimentos donde se encontraba y más allá, lo llevo a ser un gran hombre Dios. Dice la palabra en **2da de Timoteo 2:22 "Huye también de las pasiones juveniles y sigue la justicia, la fe, el amor y la paz, con los que invocan al Señor con un corazón puro"**, te invito a establecer en tu vida, bajo estos principios, buenos hábitos para con los demás que te han un buen hombre de Dios como José el Soñador. La bendición del padre para todos, especial hoy para las mujeres, maestras del amor, con un corazón de vida. A todos, vivan, luchen, trabajen y amen al prójimo.

La Verdad Llega y No Por Un Cuento Dañino

Cuantas veces llegamos a caer en historias de cuentos falsos y verdaderos que vienen con la intención a flor de piel, no por amor, sino al contrario, por el hecho de ver sufrimiento o de regocijó en el ego envidioso por quien lo lleva, qué bonito que la verdad llegue como es, de parte de Dios, con sinceridad, entre amigos, familias, vecinos, conocidos, de manera directa sin intermediarios,.. Solo así nuestro corazón estará lejos de dañarse con la palabra y el oído, cargándose de resentimientos y rencores, maldad, odio y por supuesto un dolor profundo que se enraíza en la fibras musculares del corazón. Cuenta la historia de dos hermanos que vivían en unión siempre y en todo momento, se tomaban en cuenta para tomar decisiones importantes, que podrían repercutir en sus vidas más adelante, en armonía siempre salían los viernes a compartir en un restaurante de la ciudad, donde muchas veces coincidían conocidos vecinos de su comunidad, esa noche al momento de ausentarse uno de los hermanos al baño, se acercó uno de los vecinos, quién de ver tanta unión y hermandad entre ellos, le comentó al otro, con tono sarcástico, "que bonito verles tan dichosos en medio de su prosperidad en casa, sería más la dicha de tener solo tú la oportunidad de manejar tanta abundancia para darte más placer", en ese momento retorno el hermano y quien estaba con el vecino, le pidió por favor que se alejara de las vidas de los dos, que no necesitaba consejos, comentarios destructivos y que en medio de la relación de hermanos, quien la cuida es Dios. Dice en la escritura ***"El perverso provoca contiendas, y el chismoso divide a los buenos amigos." Proverbios 16:28***. Cuanta paz se pierde en un ambiente de mentiras o verdades no dichas a quien se deba, por el manipulador, el chismoso,.. la vida es tan hermosa en sintonía con Dios, que su verdad es tan vibrante que llena tu vida de paz, búscale. Felicidad gente linda que la bendición del Padre este en sus hogares, vivir, luchar, trabajar y amar a tu semejante.

Si tú eres una persona con buena Fé para prestar de ti, lo mejor que tengas: dinero, tiempo, palabra o consejo... no lo hagas con necesidad o esperando algo de vuelta, hazlo de corazón que la mejor paga qué puedes recibir, es la bendición del Padre Todopoderoso, tu personalidad forjada en Cristo Jesús hará que quien tome de ti, en cualquier condición por una necesidad, te lo sabrá devolver, y desde lo alto siempre abra en tu camino la puerta de entrada para solucionar las vicisitudes que se te presentan a diario, lo mejor que puedes tener, es la vocación de ser prestador de servicio en la necesidad de nuestro prójimo, entender que quien no vive para servir, no sirve para vivir, estará alejado del corazón de Jesús, amoroso y ferviente servidor de los necesitados del mundo para la gloria de Dios. Hace un tiempo atrás, unos miles de años, vivió un publicano pecador y de buen corazón, quien fue llamado a servir los caminos de Dios a través de su Hijo Jesús de Nazaret, este hombre tenía cosas muy particulares, como recaudador de impuestos al imperio de la época, era un hombre justo, que recaudaba lo que correspondía al ciudadano humilde, en ese sentido servía de manera adecuada en sus tareas, sin embargo, por tener ese corazón noble, manso y servicial, fue llamado a servir en lo que será la mayor bendición a un ser humano, llevar la palabra de Dios por el mundo, por eso Mateo fue un hombre de vivió para servir y sirvió para vivir, al lado de sus hermanos, discípulos de Jesús. Dice la palabra en **_Gálatas 5:13 "Porque vosotros, hermanos, a libertad habéis sido llamados; solamente que no uséis la libertad como ocasión para la carne, sino servios por amor los unos a los otros"_**, la mejor paga al partir, es llevarnos la dicha de haber prestado servicio al necesitado y ver la recompensa en el paraíso, a vivir, amar, trabajar y luchar por lo justo.

Que difícil se pone hacer el bien a quien te ofende, denigra, ignora, blasfemia y hace de una u otra manera daño, porque y para te llenas de malos sentimientos y endureces tu corazón, pagar con la misma moneda no es correcto... Sabes qué?. Dios colocó en ti, la semilla del buen samaritano para hacer el bien a tu prójimo, porque en la vida eterna solo habrán almas solidarizarías llenas de amor, de benignidad, de alegría al lado del Padre, es duro aceptarlo, pero los sedientos de Justicia personal no entrarán al reino de los cielos, ya que los que dejan en manos de Dios las cosas malas para su justa decisión, tienen el corazón para entrar, en la Historia de habla de Moisés como un hombre sensato y correcto, incapaz de tomar justicia en sus manos sin entregar a Dios los problemas para recibir la orientación adecuada, fue una gran enseñanza que nos dejó. Dice la palabra en ***Apocalipsis 20:13 "Y el mar entregó los muertos que había en él; y la muerte y el infierno entregaron los muertos que había en ellos; y cada uno fue juzgado según sus obras"***, no escatimes esfuerzos o recursos para dar al necesitado, serás recompensado mucho más desde lo alto, bendiciones y a, vivir, luchar, trabajar y amar a los demás como a ti mismo.

Los Verdaderos Hijos De Dios

GUAUUUU... ¿Quién se considera un verdadero hijo de Dios?, desde el sentido humanista, no es sólo sentirlo, es actuar, es generar acciones para el beneficio de todo el común, que el crecimiento interno también se proyecte al colectivo y podamos vivir para servir, guiados por padres y madres biológicos con creencias y valores sociales, forjando una ejemplificación de servicio, de brindar las herramientas adecuadas para transformar la realidad actual a un futuro mejor, recuerdo grande seres como "Maita", una mujer de cuerpo pequeño, ternura al mirar en sus ojos y al hablar, con la bondad de entrega al servicio, por allá en aquellos años de tanta necesidad, recuerdo siempre estar pendiente (en horas de trabajo de la madre), de cuatro niños, con expectativas de vida y sueños grandes, brindándoles atenciones de entregar una arepita dulce con queso, un pan capao o cagalera, una bolsa de mangos de mecha, entre otras cosas para aliviar las ganas de comer de los niños, siempre preguntando ¿cómo se están portando? Y sembrando la reflexión "miren que su mama está trabajando mucho por ustedes, para que estén bien….", y así por tanta gente, esa abuelita hermosa haciendo tanto al servicio de muchos, dando el consejo oportuno y el regaño adecuado para cambiar su entorno y el de los demás, buscando que las personas se vieran como hermanos en cristo…cuantos podemos identificar con esas personalidad en donde vivimos, dice la palabra: *"Padres, no hagan enojar a sus hijos con la forma en que los tratan. Más bien, críenlos con la disciplina e instrucción que proviene del Señor". Efesios 6:4.* Ellos siempre serán el reflejo de los padres y las madres, establece tu personalidad para dejar un buen camino a los que vienen detrás, que la bendición del Padre Supremo los cubra de amor, los invito a luchar, trabajar, amar y a vivir en paz con todos. Feliz día.

No Cansarte y Perseverar Para Transformarte

Soy de los que pienso que, ¿debo rendirme a Dios para mostrar a los demás que se cumplan mis acciones, y que a su vez, permitan transformarme como un verdadero ser humano?... Interesante llevar esta inquietud dentro de ti, cuando eres un ser de Justicia, de acciones comprometidas al servicio de los demás, buscando satisfacer las necesidades comunes y múltiples. La vida es compleja de llevar, pero si no voy a solventar un problema de raíz, en mi accionar, siempre quedare detrás de quienes avanzan y crecen en los caminos cristianos, para estar en el olvido y el atraso como ser humano, convirtiéndome en uno más de los que pasan por este mundo llamado vida, huellas imborrables como la Madre Teresa de Calcuta, mujer devota y entregada a servir al necesitado, dejó un legado importante para quienes llevan en su ser, el don del servicio, sin cansancio, sin dudar, sin pedir nada a cambio, don que nace con el ser y que se va cargando de detalles que fortalecen aún más dicho don, por la misma perseverancia y hambre cristiana de servir al prójimo, dice la palabra *" Y aunque era Hijo, por lo que padeció aprendió la obediencia y habiendo sido perfeccionado, vino a ser Autor de eterna salvación para todos los que le obedecen". Hebreos 5:8,9.*, debemos llenarnos de un corazón caritativo, doliente para poder tender la mano en comunión con Dios, bendecidos todos los lectores, los invito a luchar, amar, trabajar y vivir feliz gente hermosa y linda de corazón.

precisar que tus cualidades de la personalidad, te definen para poder obrar en tu accionar cada día,... pero ojo,... obrar en tus acciones, es decir,... tener en ti la presencia de Dios amoroso y ferviente desde el alma y espíritu, para poder ejecutar acciones que sean una verdadera obra al servicio del necesitado, no permitas nunca caer en el accionar sin la presencia del Padre, ya que muchas veces pueden tener un efecto positivo o negativo, pero no el deseado en Dios,. Así es que el estudio, el análisis y comprensión, conjugados con la acción te ayudarán obtener un verdadero carácter en Cristo Jesús, vivían en chorococito, pueblito de la provincia del norte de Chorocal, una familia bendecida y guiada por una madre, de bondad, justa, cariñosa de firmeza, quien en cada acontecer de alegrías y celebraciones, en medio de la pobreza económica, pero en la riqueza de la Fé Cristiana, buscaba siempre estimular a sus dos hijas por igual, entregando el mismo detalle de amor a cada una, con el mismo peso y valor, mimando a las dos del mismo y efusivo gesto cariñoso con agradecimiento al Padre Supremo, sólo con un objetivo, sembrar la justicia, como valor para quien entrega y busca servir al prójimo. Al transcurrir los años, aquella Madre cosechó lo que sembró, las hijas retribuían a ella en la misma proporción que ellas les dio, multiplicando siete veces siete, esos detalles de la Madre, así la prosperidad bendijo aquella familia por muchos años hasta que partió al paraíso la Madre. Dice la palabra ***"llenos del fruto de justicia, que son por medio de Jesucristo, para la gloria y alabanza de Dios". Filipenses 1:11***. Solo en Él encontrarás un carácter acorde a Dios, Dios bendiga siempre tu corazón, a vivir, luchar, trabajar y amar íntimamente la presencia divina, gente hermosa.

Pensamiento, Palabra, Acción y Corazón

Una cadena de palabras de amor, todos debemos fortalecer lo positivo en nuestra mente, procesarlo para atraer esas energías que alimentan nuestro accionar y hacerlo con amor, siempre mirar lo hermoso de las cosas que hacemos, dejar lo negativo pero aprender de ello, para no caer en un círculo de estancamiento, en donde damos vueltas a las situaciones para volver al mismo lugar tras un esfuerzo en el tiempo, que lógicamente lo podemos interpretar como perdido (dicho esfuerzo), los dones que Dios colocó en ti, son para llenarte más de luz, de brillo y no dejar que lo negativo apague esa luz, y si esta en ti discipular, no propiciar los bajones de la intensidad de la luz, para que adhieras a ese discípulo el alimento energético que atomice las cargar, generando un destello deslumbrante como la investidura de Jesús al resucitar y presentarse delante apóstoles, quedando perplejos ante la calidez, la energía y brillantez de aquella luz reflejada. Dice la palabra *"Entonces nacerá tu luz como el alba (pensamiento), y tu salud se manifestará pronto (palabra); e irá tu rectitud delante de ti (acción), y la gloria de Jehová (amor) será tu retaguardia". Isaías 58:8.* Te bendigo lector en el Poderoso Nombre de Jesús, que sea un día de mucha espiritualidad para toda esa gente linda que ama, que lucha, que trabaja y que vive con paz. Dios contigo, nadie contra ti.

¿Quién Puede Cumplir Promesas Realmente?

Un escritor recordaba entre sus historias de vida, las penumbras que vivió desde chico, cuando las condiciones precarias de vida, ahogaban su garganta de lágrimas dulces de sueños despiertos y amargas de realidades vividas, siempre con un corazón de entrega por los hermanos y familiares, maravillado de las virtudes plasmadas en sus semejantes que podría brindar la vida,…sin desmallar y siempre con un pilar importante, que muchas veces les decía: "algún día estaremos cómodos y cada uno tendrá su cuarto, ya no estarán viendo televisor debajo de las puertas de casas ajenas o dentro de esas casas, cada uno tendrá su ropa y zapatos y no se prestaran para ir a la escuela, la arepita con queso, jamón a parte de la mantequilla y un vaso con jugo, les prometo que así será en el nombre de Jesús y de Dios,", Que bonito es sentir cumplida una promesa hecha en tu vida, disfrutar del momento en tu corazón, al ver realidad algo que anhelabas y que Dios permite que lo veas y repliques, esfuérzate para comprender que, sólo en Él y con Él te regocijarás en la dulzura de las mieles memoriales y divinas de la eternidad, eso permite decir que, no prometas lo que no puedas cumplir, ve quemando esas promesas incumplidas y vuelve cenizas esas promesas rotas, que el fuego de Dios consuma lo que no es de Él en tu corazón, para entrar en un nuevo cuerpo transformado, dice en ***Isaías 44:3 "Porque yo derramaré aguas sobre el suelo sediento, y torrentes sobre la tierra seca. Derramaré mi Espíritu sobre tus descendientes, y mi bendición sobre tu vástago"***. Que esta promesa sea cumplida en ti y para los que descienden de ti, sin duda lo declaró en el nombre poderoso de Jesús, bendiciones gente hermosa y linda, a vivir, luchar, trabajar y amar el fuego de Dios en Espíritu Santo.

Entender que cuando deseamos abiertamente en la vida, aun participando en el mundo cristiano; "No estamos profesando la Fé en Cristo Jesús, ni en Dios Padre", ya que el deseo hasta allí llega, allí muere todo ese pensamiento hecho deseo y no llega a un hecho, mientras que si "pedimos en Dios Padre y Cristo Jesús Hijo", estaremos realmente solicitamos de manera espiritual con verdadera Fé...
Tendrás la certeza de que llegará una acción, un hecho inexplicable, sobrenatural o espiritual, una solución a eso que pediste con Fé del corazón, "no es desear con ilusión, es pedir con Fé para ver acción", dice la palabra ***"Por eso les digo: Crean que ya han recibido todo lo que estén pidiendo en oración, y lo obtendrán".***
Marcos 11:24. Algunos sólo desean cosas materiales, teniendo posibilidades económicas y laborales logran que se cumplan, da gracias a Dios o no y lo confunden con un petitorio a lo alto, a Dios, y no visualizan que solo el Señor les previo el buen camino para llegar a una meta, tener eso deseado,.. Mientras que la petición en Fé, lo hace realidad porque ya lo pediste y de manera sobrenatural se cumple el hecho porque Dios así lo establece a sus hijos de Fé,... entonces incrementa tu Fé hoy en adelante, feliz y bendecidos en nombre de Jesús y a luchar, vivir, amar y trabajar por tu Fé.

En Lo Bueno y En Lo No Bueno, Alabando.

Una de las expresiones más lindas que tenemos es la alegría, representa la felicidad por diferentes situaciones buenas y casi siempre agradecemos de una manera sutil ese momento, hoy te invito, aun cuando no sucedan situaciones deseadas, a alabar a nuestro Señor ya que Él, al sentir tus vibraciones de energía alegre, feliz, contenta, también se moverá por ti y te bendecirá, con la gloria de su poder todo tu ser y tu hogar, no desmayes en su camino, siempre estando en buena disposición de dicha y gozo, dice la palabra en ***Nehemías 8:10 "Entonces les dijo: Id, comed manjares, y tomad bebidas dulces y enviad porciones a los que no tienen nada preparado, porque hoy es un día santo a nuestro Señor; y no os entristezcáis, porque el gozo de Jehová es vuestra fortaleza"***. Cuenta la historia de un niño que se hizo adulto buscando de puerto en puerto a su madre, que partió de su lado un día, cuando era un niño de 4 años, dejándole al cuidado de su tía, aprendió la poderosa herramienta de lo alto que dice "Padre nuestro que estas en el cielo, santificado sea tu nombre, venga a nosotros tu reino….y líbranos del mal, amen". Aquel niño Siempre la culminada diciendo "Padre te pido me des fuerzas para luchar en la vida y encontrar a mi madrecita y decirle que la amo". Después de 6 largos años, cuando cumpliría los 10 años de edad, ese mismo día, la tía le indico que iría a comprar lo necesario para hacerle una torta y le traería un regalo, que le esperara en casa y que estuviese pulcro para que hacer juntos la torta,…el niño año tras año preguntaba a la tía si su madre vendría a su cumpleaños y ella respondía. "Tal vez venga". El jovencito tuvo la idea de salir a buscarla y tomo la decisión de colocar una muda de ropa en un pequeño morral, cargado de anhelos y del sueño de encontrarla. Así se dirigió al puerto pesquero del pueblo y zarpó, en una barca de puerto en puerto buscándola, ya hombre de valores y principios cristianos, siempre con la chispa del fuego en su corazón, logro establecerse en una gran ciudad, consiguió trabajo en la oficina de telegramas que llevaba el control de registros de viajeros de barcos. Un día de trabajo corriente y normal, cuando estaba recibiendo correspondencia local, organizándola, visualizó que llego una carta de su tía, dirigida a su hermana, y en ella estaba la dirección donde debía llegar, aquel momento fue de emociones encontradas, ya que tenía en sus manos la dirección de su madre que vivía en la misma ciudad donde había llegado y se había establecido, tomo la carta y se la llevó de la oficina teniéndola en su casa unas cuantas semanas. Cierto día reflexionando y orando, recordó como él culminaba sus oraciones de niño, se llenó de fuerzas, tomo la carta y fue a la dirección allí descrita, al llegar a la casa, fue recibido por el mayordomo, le hizo entrar al vestíbulo y luego a la sala de estar y pregunto por el nombre de su madre, al cabo de 5 minutos se presentó un Sr. Adulto, quien le dio información y una nueva dirección, aquel joven ya hecho hombre, abrumado de emociones, salió y se dirigió al sitio, allí, frente a una tumba que tenía tres días de sepulcro, se encontraba su Madre, quien el día de su cumpleaños número 10, llego a la casa donde vivía con la tía para rencontrase, hacer la torta de cumpleaños y brindarle todas las atenciones que no pudo darle en años. Aquel Hombre agradeció a Dios la fortaleza que había sembrado en él y se escuchó decir "Mama te Amo". Sigan en bendición gente linda y hermosa, vivan, trabajen, luchen y amén como Dios los ama.

Los Vibratos Del Poder Que Dios Quiere.

La constancia es uno de los dones que a todos se nos dio, unos lo tienen más elevados que otros, incluso en algunos siempre está al tope, tanto que reboza y les permite orar con fuerza, día a día, sin desmayar,…porque tienen la certeza que Dios les escucha sus vibratos... así lo quiere Él Padre Dios para todos, ya que, nos ama tanto, que vibra de emoción por nuestra devoción y nos concede las peticiones al ver la insistencia de un corazón limpio Una niña de 7 añitos en una finca de ganado, en los llanos profundos y alejados de la civilización, no existía la tecnología, el teléfono entre otras cosas, siempre salía de mañana a cabalgar para buscar el ganado de ordeño y llevarlo al establo para extraer la producción del día, la jornada transcurría para el padre y la niña en casa dedicada a sus tareas diarias, siempre con su madre y la institutriz, la niña dedicaba su día a esperar, en su ansioso corazoncito, un momento único de amor y de Fé, esperaba a cierta hora ya acostumbrada, (del día a día y año a año), a esperar a su padre en la puerta de su casa, a que se abriera y entrara su papito, para abrazarle y darle un beso mientras le daban vueltas en sus brazos juntos de alegría y gritos, para ir a cenar, era tan hermoso ver a la niña de rodillas, con sus manitos en forma de petición de bendición en su rostro, esperando esa puerta se abriera,…un día en esa espera, la puerta se abrió y no estaba su papito, allí estaba su mamá y el abrazo no fue igual, (la niña había pasado todo el día con su institutriz ya que su mamá había tomado las tareas del papá, él se había quedado en cama ese día porque estaba enfermo), la madre al sentir tan pobre aquel abrazo, vio unas lágrimas caer en el rostro de la niña, y le dijo: se me olvido decirte que papa se quedó en casa porque estaba enfermito y mira las escalares, ahí baja tu papa, la niña se soltó de los brazos de mamá y corrió a que su padre para darle aquel tan ansioso abrazo, luego se arrodillo, agradeció a Dios por escuchar su voz. De grande, le pregunto su padre ya abuelo y viejo como el desván, como oraba en esos momentos y ella respondió, yo decía: "mi papito Dios, gracias por mi padre que me quiere y te pido nunca me lo quites, creo en ti y sé que está detrás de esa puerta"…y tu entrabas papá, luego de repetir una y tantas veces. Perseverar es la palabra de hoy, dice en el manual de vida ***"Alégrense en la esperanza, muestren paciencia en el sufrimiento, perseveren en la oración". (Romanos 12:12).*** Con bendición declaró una vida hermosa para tu que lees, ama, trabaja, vive pero sobre todo lucha con perseverancia que Dios te escucha y tiene la última palabra.

El verdadero descanso

Todos usualmente, luego de un trabajo agitado y con mucha carga física y mental, buscamos un tiempo de descanso para reponer energías gastadas, tomamos hidratación con suplemento o simplemente agua,...sentimos mejoría y continuamos con la faena, hasta poder ir a casa a la hora correspondiente, pero el mejor descanso terrenal en esta vida, es el que alcanzas al llegar a casa, luego de tener todo listo en el hogar, desorden de los niños, platería, cocina, sala y cuartos, recuestas a los niños, alistas lo del siguiente día, vas a tu cuarto, te desvistes, organizas el vestuario de la siguiente jornada, vas a ducharte, cambias en pijamas y vas a la cama, para respirar profundo y pensar, listo…solo falta la parte mas importante del día y es la siguiente actividad en tu cama, oras a Dios y entregas todo lo que hiciste y no pudiste resolver ese día, pides por un mañana mejor para ti, tu familia, hermanos, todos los le están y llegaran a tu vida, es allí cuando Dios te otorgar un descanso profundo y sustentador, que recarga las baterías físicas y espirituales, impidiendo por tu buen accionar de fe y de buen cristiano la perturbación de tus sueños, dice la palabra ***"En paz me acostaré y asimismo dormiré, porque solo tú, oh Jehová, me haces vivir confiado". Salmo 4:8***. Te bendigo y pido que confíes aún más en Dios, solo él te ayudará a vivir, luchar, trabajar y amar con un corazón de paz gente linda y hermosa.

El Mejor Padre, El Mejor Hijo

La responsabilidad de ser buen papá no se basa en procrear en cantidad si no en calidad de formación y calidez humana, que en el transcurrir de su vida como hijo, haya sentado las bases humanas y cristianas para asumir el rol de padre, cuando le corresponda. En la sociedad, lo ideal es que un buen padre, tuvo que ser un buen hijo, aun cuando se haya establecido independiente del hogar de sus hijos, no debe olvidar que fue igualmente hijo o hija,…y lo seguirá siendo, porque ante Dios, todos somos sus hijos y Él desea lo mejor para nosotros y nuestros semejantes, ascendientes y descendientes. Está en nosotros asumir con valentía y humildad lo que nos corresponda en la vida, honrando a la madre y al padre, dice la palabra ***"Por tanto, cuídate y guarda tu alma con diligencia, para que no te olvides de las cosas que tus ojos han visto, y no se aparten de tu corazón todos los días de tu vida; sino que las hagas saber a tus hijos y a tus nietos." Deuteronomio 4:9.*** Dar ejemplo y aclarar dudas con ellos, compartir sabiduría a los hijos para hacerles libres, lleno de paz, felicidad, y agradecimiento en la bendición de Dios, mantendrá esos legados generacionales de familias, que hoy vemos heredando no solo lo materia, si no los valores y costumbres buenas de las familias, guardando las esencias legadas de ancestros, que permiten admirar la grandeza del único, Jehová. Te invito a vivir, luchar, trabajar y amar con el alma gente linda y hermosa.

¿Cómo Estas Viviendo?, Cuestiona Tu Accionar.

Muchas veces estamos en un lapso de vida donde creemos que todo lo hacemos bien, pero realmente puede que sea así y puede que no, siempre debemos cuestionar nuestras acciones para evaluar, enaltecer y repetir con más fuerza y alcance nuestras acciones, corregir errores y torpezas de procesos de vida, que de seguro irán de la mano de Dios, si a él, en principio lo llevas en tu corazón, la llave para que se abran las puertas y cumplan tus peticiones, es tener a Dios en todo momento contigo, atesorando su palabra, su fortaleza a través de la Fé y cuando haya un mal proceso, habrán señales del cielo, porque si tú eres de los caminantes, las líneas serán muy resistentes para sostener y mostrar las proezas que realizarás. En una carrera por el campeonato anual de automovilismo, dos pilotos se disputaban los últimos puntos para ser el mejor del año, quien estaba en el segundo lugar del campeonato, por sanciones de carrera, esa prueba le tocó salir en último lugar en la parrilla de ubicación, y el mejor, que estaba de primero en los puntos, salió con la pole posición de la carrea, éste corredor ya que había tenido un fin de semana muy constante y cosecho los frutos, se inició la carrea y la disputa por el campeonato se fue colocando más interesante en el transcurrir de la misma, ya que él piloto del último lugar, comenzó a escalar posiciones y se acercó a la punta de la carrera, es de acotar, que en esa escalada se llevó consigo varios corredores que los saco de la pista y los dejo fuera de la competencia. En la penúltima vuelta al circuito logro alcanzar al piloto que mantenía al primer lugar y el título de campeonato hasta ese momento, ya entrando a la última vuelta, las mentes de los dos pilotos, coincidían en que era todo o nada, el campeonato estaba ahí para los dos, uno que había tenido constancia en las carreras logrando estar primero y otro que a pesar de tener faltas, estaba allí, detrás de esa posibilidad de ser el mejor del año…llegando a la última curva, el piloto que era constante sufre una pinchadura de neumático, cruzando la meta detrás del piloto que había salido en último lugar….los comisarios de carreras y jueces de competencia sancionaron al ganador con 5 segundos de penalización pos sus faltas en la carrera y quien sufrió la pinchadura se tituló Campeón. Dice la palabra

"Verdad digo en Cristo, no miento y mi conciencia me da testimonio en el Espíritu Santo" Romanos 9:1. Porque todo ser envuelto espíritu Santo, tiene su conciencia limpia y su corazón puro y las recompensas son gratificantes en el éxito. Bendiciones a toda esa gente linda, que ama, lucha, trabaja y vive en Cristo Jesús.

Sumar Al Múltiplo De Tu Equipo De Trabajo

Cuando prestas servicios en una empresa y los clientes se atienden con la sumatoria del 100% de cada uno de los trabajadores, realmente estarán dando mucho más para un mejor prestigio empresarial, si hay 5 empleados será el 500% de energía positiva en atención que brindará dicha empresa, imagina en un iglesia cristiana, que sigue la huella de Cristo, que suceda de igual modo, el crecimiento espiritual en las persona servidas será exponencial y la ganancia para nuestro Dios Padre, elevará el aporte de más almas al paraíso, porque todos deben dar ese extra qué convence al servido, al atendido,… eso muestra de ti que estás dando lo mejor. Dos hermanos que vivían cómodos, en su hogar no faltaban las bendiciones de Dios, tenían una particularidad con el pan del desayuno, siempre salían en las mañanas a la panadería, cada uno visitaba una distinta, la evaluación de los panes en cuanto al sabor era igual, misma textura, consistencia y visualmente idénticos,…uno de los hermanos un día con cierta curiosidad le pregunto al otro: ¿Por qué vas a esa panadería si donde yo compro el pan es igual, quizá es el mismo panadero?, la intriga embriagaba de ganas de conocer la razón de ser de esta situación, él curioso llegaba a la panadería y hacia el pedido, el cual era despachado y entregado en la caja después de cancelar, para retirase a casa y encontrarse con su hermano para desayunar…ocurrió entonces un día, sentados en la mesa, el hermano cuenta la aventura de su compra, al llegar a la panadería e ingresar, me recibe un joven con los buenos días expresándome "que sea un buen día en bendición con nuestro Señor Dios Todopoderoso", me dirijo al mostrador y quien se dispone a tomar el pedido y empacarlo, mientras lo hace, me dice "gracias en nombre de Dios por su nuevo día y por visitar esta panadería, a su servicio siempre", recibo el tarjetón del pedido y me traslado a caja, con un mensajes escrito diario de buenos deseos de parte de Dios en su manual de vida (Biblia) entregado por el chico del mostrador, en caja, procedo a cancelar y mientras se hace la transacción y recibo el pedido, escucho la voz del cajero decir, "que le aproveche su alimento y dé salud para volver, hasta pronto Sr.", todos estos gestos de atención humanistas me hacen sentir valioso y seguramente engalanan a nuestro padre eterno y en especial a su Hijo Cristo Jesús, el ser humano de servicio por excelencia. A todo esto, dice la palabra del Señor Jehová ***"Bien, siervo bueno y fiel; en lo poco fuiste fiel, sobre mucho te pondré; entra en el gozo de tu señor." Mateo 25:21***. Cuando damos lo mejor de nosotros mismos y hacemos las cosas para Dios, nos dice: Estoy orgulloso de ti, hij@ mí@. ¡Bien hecho!. Feliz y bendecido corazón, vivan, luchen, amén y trabajen dando lo mejor.

Un Rostro Después De Salir Del Pozo

Que bonito salir del pozo cuando te echan y echan duro para que no salgas, ya tus enemigos declaran que no tienes remedio y profesan lograr enterrar tu vida, pero si tienes Fé y creéis entregando tu vida y tus peticiones al Padre, al Único, a Jehová nuestro Dios, créeme... que cada vez que echan cargas negativas, recibirás mayor fuerza espiritual para salir de allí si lo creéis sin dudar.... Sin recaer en la avaricia, el ego y la soberbia, porque tan cierto es, que siempre después del pozo volverán los oportunistas y el siguiente pozo puede ser más profundo, toma la oportunidad y limpia toda cicatriz, bórrala, reconociendo que quien luchó, lucha y luchará contigo en todas es nuestro Dios, lustra tu ser para estas como múltiples estrellas con tus hermanos en cristo brillando en las noches y calurosos días abrazadores como el sol intenso del amor en Cristo de tu comunidad y hermandad, escrito está y dice la palabra *"¡Mirad cuán bueno y cuán delicioso es Habitar los hermanos juntos en armonía" Salmo 133:1*. Porque, en los buenos de corazón encontraras el aliado perfecto para tu vida, Dios bendiga tu día lleno de bendiciones en familia y mucho gozo en la paz, vivan, amen, trabajen y luchen por la unión en la provisión.

Cuanta emoción se mueve al pretender dar un cambio de vida, incluso, ya habiendo dado ese cambio, sentirte ahogado, triste, molesto por dejar actitudes en las que te sentías cómodo,.. Según tu estilo de vida, que no fue bueno, ni de agrado A Dios,... es normal al reflexionarlo y hacer catarsis, pero al ver que dejas ese pasado, por la dicha y la felicidad de nuevas sensaciones y emociones, que reconfortan e impulsan tu vida a un nivel superior, de armonía, sinergia, congruencia y crecimiento…no tiene comparación. El Abuelo Demetrio, hombre de larga estancia, caminante lento en la vida, con gran conocimiento en la carpintería, vivo el chacantal, pueblo maderero en la provincia calurosa de la llanura. Siempre en su humilde casita, de utensilios y cacerolas de peltre, pisos de tierra y estufas de leña, pasaba sus noches murmurando los lamentos de su estilo de vida, nunca se casó, aun cuando muy apuesto era de joven, siempre quiso estar sólo, con su estilo de vida y trabajo recibía las tareas de hacer de parte de los pobladores, quienes de las manos de don Demetrio admiraban hermosuras de muebles, camas, estructuras, bibliotecas, todo hecho de madera y labrado por sus manos marcadas de los clavos y el martillo, los pobladores cambiaban su estilo de vida y progresaron, pero Él seguía en el pasado, nunca cambio y al pasar los años pereció en el recuerdo por las industrias y manufacturas de nueva generación. Ten en cuenta que es bueno cambiar confirme a la palabra de Dios, que dice *"y dijo: En verdad os digo que si no os convertís y os hacéis como niños, no entraréis en el reino de los cielos." Mateo 18:3*. La inocencia, la felicidad y el amor para ver las experiencias de manera simple como la ven ellos, es lo que necesitamos en nuestros corazones para accionar y no crear conflictos de adultos innecesarios, que muchas veces nos hacen enemigos unos y otros alejándonos de Dios cada vez más. En nombre de Jesús te bendigo y te invito a trabajar, luchar, amar y vivir como el niño que llevas por dentro para entrar en el reino.

El Verdadero Valor De Tí

Doña Sencena, mujer valiente y luchadora, apretada de ser necesario, de corazón noble y mente abierta, letrada, gran amante de la música y buena danzadora, ferviente y apasionada en Cristo Jesús, una noche sonó el timbre de la puerta y dirigiéndose a la misma, recibió un mensaje que decía: *"Que ésta semana sea para reconfortar tu corazón, entendiendo que realmente vales por tus principios, valores de hogar, de humanidad, que te llevan por el camino a edificar para tus seres amados, hermanos en Cristo, familiares y amigos,.. Que todo lo que poseas en riqueza, sea el canal de apoyo para quien lo necesita y no para tu vanidad, por una imagen de poder falso, de derroche, porque allí, está tu valor real mi amiga, que te conducirá al paraíso de mi Padre Eterno, donde tú eres hoy y mañana la riqueza de Dios, bendiciones y espero abrazarte y nunca soltarte en nuestra unión eterna, Jesús de Nazaret"*. Mensaje que llegó a la puerta, recogido de la entrada en una linda alfombra de Ángeles, que engalanaban la entrada a su hogar, luego de leerlo, sintió brotar lágrimas de felicidad en su rostro y en su corazón, mirando al cielo de esa noche fresca y estrellada…susurró…gracias eternas para, fiel a ti y a tu hijo, gracias Mi Dios. Dice la palabra ***"Mejor es adquirir sabiduría que el oro, y adquirir entendimiento vale más que la plata" Proverbios 16:16***. Vales mucho más ante los ojos de Dios, haciendo mucho con lo poco, que haciendo nada con lo mucho que tengas, del polvo venimos y al polvo volvemos lo demás que dejas será para otro(s) que nunca sabrás el uso, Te Bendigo en el Nombre Poderoso de Jesús, deseando una jornadas de amor, vida, lucha y trabajo para la obra del Señor, gente linda y hermosa.

Hoy día la Cruz representa para muchos un amuleto de suerte, una joya para vestir colgada a un hermoso cuello estilizado o prominente y firme pectoral, un símbolo de castigo y dolor o un simple objeto,… para pocos representa la oportunidad más grande que jamás tendrán, de cambiar acciones y ser mejor persona cada día de vida que transcurra, la promesa real de un mañana en un lugar mejor que éste mundo, al lado de seres amados quedados en el recuerdo y que volverán a ser presente y futuro, la certeza de que la resurrección existe y en nombre de Dios tocará vivirla, que por la verdad murió, resucitó y está con él Padre siempre abogando por nuestras almas, Cristo Jesús. Aquellos anillos y marcas de edad en la madera de la cruz que Jesús asumió, estaba tan pesada por los pecados del hombre en aquellos segundos, horas, días, años, décadas,. .. Y miles de años que pasaron antes de su llegada, no existe precio alguno en el universo que refleje ese valor de la Cruz. Dice la palabra ***"Y enjugará Dios toda lágrima de los ojos de ellos; y ya no habrá más muerte, ni habrá más llanto, ni clamor ni dolor, porque las primeras cosas han dejado de ser."*** ***Apocalipsis 21:4***, Todo gracias al acto de amor de Jesús en la cruz. Bendigo hoy tu vida en familia, a vivir, luchar, trabajar y amar con acciones significativas al prójimo como Cristo te amo.

Vivir Para Siempre Con Pasión

Entender la pasión que llevo a Jesús a vivir el calvario de la Cruz, nunca lo lograrás, podrás sentir pasión por una meta, por una noche, por un momento lujurioso, por el amor a Dios que le profeses,... pero jamás entenderemos lo que Jesús sintió en ese calvario, aun sabiendo que después de resucitar al tercer día, vería de allí en adelante hasta nuestros días y más, los frutos en todos y cada uno de los que le siguen, después de entregar su vida, su amor incondicional, por lo que tú vales para Él y representas,.. esa obra única y majestuosa que creo Dios para dominar este mundo, con armonía, con respeto y reverencia, Él, quien luchó cada día por tu salvación, con oración a su Padre, grandes caminatas para llevar el mensaje de salvación, con miedos y hasta con milagros divinos para tu observación y creencia, demostró que ese sacrificio fue para enseñarte a creer en Èl, porque es camino a la vida y hoy celebramos más fuerte que nunca ¡Jesús está Vivo!, dice la palabra *"Yo soy la resurrección y la vida; el que cree en mí, aunque esté muerto, vivirá", "Y todo aquel que vive y cree en mí no morirá jamás". Juan 25:25, 26.* Demostrado quedó en acción y escrito está, para quien busca comprender una verdadera pasión, los Bendigo en nombre del Padre Dios y les pido escudriñen la pasión de Cristo para vivir, luchar, trabajar y amar al prójimo.

Y aconteció en estos tiempos de Cristo, hace muchos años atrás el acto de amor más puro, sin replicar, sin objeción, sin temor.., más que con solo amor y la reverencia, una mujer, lavo unos pies inflamados, llenos de cayos de caminar tanto con las buenas nuevas, de un pastor que transitaba los caminos de los caseríos humildes de Caroriña, en la provincia de Lareira. Llamada María Estilita, a quien le gusto escuchar, lo rico, lo dulce, lo apasionante de los mensaje que aquel hombre pastor expresaba, con un timbre armonioso, acentuaciones con miradas directas al corazón puro y abierto que llevaba en su pecho Tilita, como en confianza se le decía. El mismo mensaje que la llevo a hacer una limpieza profunda en su vida terrenal, para llegar al paraíso cuando le tocara partir. Hoy tú debes sacar todo lo malo, egoísmo, odio, envidia, rencor, entre tantas cosas, para enaltecer tu corazón en la presencia del Padre, Hijo y Espíritu Santo, que veas en ti, esos valores y principios humanos que aprendiste en la escuela, cuando compartías el saca punta, la merienda, tus anécdotas de casa, de vacaciones, y que hoy están olvidados, reviste de limpieza tu cuerpo y permite que la acción de Jesús tenga valor en ti, porque dice la palabra ***"Oh hombre, él te ha declarado lo que es bueno y lo que pide Jehová de ti: solamente hacer justicia, y amar la misericordia y humillarte para andar con tu Dios." Miqueas 6:8.*** Siempre renueva el cuerpo, alma, espíritu y mente a través de la oración, es la petición, te Bendigo y te invito a vivir, amar, trabajar y luchar por tu pulcritud gente hermosa.

Luego de consumar la entrega de amor más grande, y acontecer el acto de superación de lo sublime, el renacer, la vuelta a la vida, para dejar en ti palabra y obra, la autoridad concedida por Dios a todos los humanos que de corazón puro, sigan el legado de su hijo, estremeciendo desde los tuétanos de tus huesos, la relación pura y limpia de tu pensamiento, palabra y acción con todos los que te rodean, tienes allí la autoridad cedida a tus manos. Don Pablo, un hacendado de buena riqueza, desde que asumió la autoridad de su hogar, siempre sentaba; a la hora de cenar, a sus 5 hijos, esposas y nietos, a dar gracias a Dios con la respectiva oración por los alimentos, la provisión, y las manos de preparación de las comidas, por tantos años en la comida de la cena todos los días, fue una educada obediencia por parte de los integrantes de la familia, Don Pablo mantuvo la autoridad muchos años, luego cedió a su hijo mayor dicha autoridad para llevar las riendas de la hacienda e inculcar los valores y principios humanos, el carácter y la Moral de Don Pablo se mantiene aún en estos días, ante la mirada de nuestro Dios Padre… la devoción, decisión y firmeza ante el Padre, educa a tus hijos y semejantes, escrito está, ***"Así que les digo esto y les insisto en el Señor: no vivan más con pensamientos frívolos como los paganos. A causa de la ignorancia que los domina y por la dureza de su corazón, éstos tienen oscurecido el entendimiento y están alejados de la vida que proviene de Dios." Efesios 4:17,18***. Tomad la autoridad concedido a través de Jesús, te Bendigo y pido la unión familiar en reflexión colectiva, vivan, amén, trabajen y luchen por el bien gente linda y hermosa

Construir Una Relación De Amistad

Que lindo tener una amistad abierta, directa, sincera y leal con el único que conoce tu corazón, y Él que sabe que en todos tus pensamientos de servicio está el dar lo mejor... Lulú, conocida por sus seres amados, estableció un red de grandes seres humanos comprometidos con sueños comunes, en una etapa de su vida importante, donde sentaría bases solidad para la estabilidad de su hogar en el futuro, integrantes de la red que compartían sus camas para los respectivos descansos de todos, las comidas para juntos alimentarse en porciones iguales y seguir adelante, sacrificadas noches de estudios colectivos donde el ánimo era avivado por cada integrante,.. la consigna era vencer en el examen, la distribución de tareas de casa a cada miembro y hacerlas rotativas cada semana,…en fin… tantos acuerdos que permitieron alcanzar la meta, ser Médicos, sinceros valores de amistad, que quedaron sembrados en muchos corazones y que hoy se preservan en vida como recuerdos valiosos, verdaderos tesoros de herencias legadas. Crea una verdadera amistad con Jesús, para que Dios ponga en ti, las oportunidades de ser útil y muy sencillo para con el prójimo, sabes ¿Porqué con Jesús?.. Porque se hizo humano para sentir, para ver, para expresar, para oír y para tocar tu corazón estando en la misma condición, por tanto, es Él, ese mejor amigo verdadero que puedes tener y confiar tu sentir. Dice la palabra *"Un amigo fiel es una protección segura; el que lo encuentra ha encontrado un tesoro."* *Eclesiastés 6:14*, Atesora a Dios en tu corazón como Jesús nos demostró su amor,.. El camino siempre estará abierto e indicado por el Padre, Feliz y Bendecido crecimiento en amor para vivir, luchar y trabajar con la buena Fé, gente linda y hermosa.

Prof. Robert Enrique Baudin Pérez, 48 años de edad, nació en Chivacoa, Estado Yaracuy en el año 1975, Bachiller en Ciencias, Licenciado el Educación, mención Educación Física en la Universidad de Los Andes, Facultad de Humanidades y Educación, Mérida, realizó estudios de TSU Forestal (6to Semestre y Pasantías en C.V.G Proforca, Chaguaramas, Edo Monagas) en la Universidad de Los Andes, Facultad de Ciencias Forestales y Ambientales, Transformador Personal y Programación Neuro Lingüística en AIDER Global Latam, igualmente cursó estudios en: Teología, Ciencias de la Fé, Coaching Para Grandes Líderes, en el **Centro Internacional Simón Rodríguez, Bogotá Colombia, Formación de Trabajo Social Comunitario, en el Instituto Nacional de Capacitación y Educación Socialista, Mérida Edo. Mérida – Venezuela, Estudios Empíricos en Instalación de software y Hardware de computación. Consultor y Asesor de tesis de pregrado en diferentes universidades de Venezuela. Actualmente escritor de la palabra del Señor, vive en Chivacoa, Edo – Yaracuy – Venezuela.**

Printed by Books on Demand GmbH, Norderstedt / Germany